Liebe Konfirma,
lieber Konfirmand,

mit deiner Konfirmation sagst du Ja zu Gott! Ich bin mir sicher, Gott hat etwas Besonderes mit dir vor. Ich wünsche dir, dass du deinen ganz eigenen Weg durchs Leben gehst, mit viel Freude, Mut und Begeisterung und ich bin gespannt darauf, wie du die Welt ein kleines bisschen verändern wirst.

Ich wünsche dir, dass Gott deinen Weg durchs Leben leicht und froh macht und du dich bei ihm immer geborgen und sicher fühlst.

Jeder Mensch ist ein besonderer Gedanke Gottes.

PAUL ANTON DE LAGARDE

In jedem Menschen ist etwas Kostbares, was in keinem anderen ist.

MARTIN BUBER

Ich wünsche dir, dass du in deinem Herzen weißt:
Ich bin willkommen, mein Leben ist gewollt.
Denn du bist einzigartig, niemand sonst ist wie du.
Dein Lachen, dein Denken und Fühlen
hast so nur du.
Ob es dir gerade gut geht
oder du in einer Krise steckst –
es kann gut tun, Gott dafür zu danken,
dass er dich so wunderbar erdacht hat!
Deine Augen können die Sonne sehen
und deine Ohren den Wind rauschen hören.
Deine Füße können im Wald spazieren
und deine Hände die Blätter fühlen.
Deine Nase kann die Blumen riechen
und dein Mund ein fröhliches Lied singen.
Die Welt ist schön und du darfst dich
auf jeden neuen Tag freuen!

Gott, der die Erde gemacht hat,
die Luft, den Himmel, das Meer,
der das Licht erschaffen hat,
sorgt für mich.
Gott, der das Gras gemacht hat,
die Blume, die Frucht, den Baum,
den Tag und die Nacht,
sorgt für mich.
Gott, der die Sonne gemacht,
den Mond, die Sterne,
sorgt für mich – auch dann,
wenn dunkle Wolken aufziehen.

SARAH BETTS RHODES

Ich will dich segnen
und du sollst ein Segen sein.

1 MOSE 12,2

Der Herr segne deine Hände und helfe,
dass sie behutsam sind,
dass sie halten können, ohne zur Fessel zu werden,
dass sie geben können ohne Berechnung,
dass sie die Kraft haben, zu trösten und zu segnen.

Der Herr segne deine Augen und helfe,
dass sie Elend und Traurigkeit wahrnehmen,
dass sie Unscheinbares nicht übersehen,
dass sie durch das Oberflächliche
hindurchschauen,
dass andere sich unter deinen Blicken
wohlfühlen können.

Der Herr segne deine Ohren und helfe,
dass sie seine Stimme hören,
dass sie hellhörig sind für Hilferufe,
dass sie verschlossen sind für Lärm und Geschwätz,
dass sie das Unbequeme nicht überhören.

Der Herr segne deinen Mund und helfe,
dass er von ihm spricht,
dass nichts von ihm ausgeht, was verletzt
und zerstört,
dass er heilende Worte spricht,
dass er Geheimnisse für sich behält.

Der Herr segne dein Herz und helfe,
dass der heilige Geist sich in ihm niederlässt,
dass es Wärme schenken und beherbergen kann,
dass es bereit zum Verzeihen ist,
dass es Leid und Freude teilen kann.

NACH EINEM ALTEN SEGENSGEBET

Ich wünsche dir,
dass du deinen Tag lächelnd beginnst
und dich auf die Aufgaben und Begegnungen
freuen kannst, die dich erwarten.
Dass du aber auch die nötige Geduld hast,
das zu ertragen, was dir lästig ist.
Ich wünsche dir,
dass du das Leben zu nutzen verstehst.
Dass ein fröhliches Herz und alles Glück
der Kleeblätter das ganze Jahr über mit dir ist.
Ich wünsche dir Gemeinschaft und gute Freunde,
die alle Wege deines Lebens begleiten.
Dass bei allem, was du tust, außer deinen Händen
auch dein Herz beteiligt ist.
Dass du deine guten Fähigkeiten
nie durch Zweifel und Rückschläge beschränkst.
Wo immer das Glück sich aufhält,
hoffe, ebenfalls dort zu sein.
Wo immer jemand freundlich lächelt,
hoffe, dass sein Lächeln dir gilt.
Wo immer die Sonne aus den Wolken hervorbricht,
soll sie besonders für dich scheinen.
Damit jeder Tag deines Lebens so hell wie nur möglich sei.

Ich wünsche dir die zärtliche Ungeduld des Frühlings,
das milde Wachstum des Sommers,
die stille Reife des Herbstes
und die Weisheit des erhabenen Winters.
Dass jede Gabe, die Gott dir schenkt, mit dir wächst
und dir dazu dient, denen Freude zu schenken,
die dich mögen.
Dass du immer einen Freund an deiner Seite hast,
der es wert ist, so zu heißen, dem du vertrauen kannst
und der dir hilft, wenn du traurig bist.
Und noch etwas wünsche ich dir:
dass du in jeder Stunde der Freude
und des Schmerzes die Nähe Gottes spürst.
Das ist mein Wunsch für dich und für alle,
die dich mögen.
Das ist mein Wunsch für dich, heute und alle Tage.

NACH EINEM IRISCHEN SEGENSWUNSCH

Was du dir vornimmst, lässt Gott dir gelingen,
und das Licht wird auf deinen Wegen scheinen.

HIOB 22,28

Es kommt eine Zeit im Leben,
da bleibt einem nichts anderes übrig,
als seinen eigenen Weg zu gehen.
Eine Zeit, in der man die eigenen Träume
verwirklichen muss.
Eine Zeit, in der man endlich für die eigenen
Überzeugungen eintreten muss.

SERGIO BAMBAREN

Das Leben ist eine Chance, nutze sie.
Das Leben ist Schönheit, bewundere sie.
Das Leben ist Seligkeit, genieße sie.
Das Leben ist ein Traum, mach daraus Wirklichkeit.
Das Leben ist eine Herausforderung, stell dich ihr.
Das Leben ist eine Pflicht, erfülle sie.
Das Leben ist ein Spiel, spiele es.
Das Leben ist kostbar, geh sorgfältig damit um.
Das Leben ist ein Reichtum, bewahre ihn.
Das Leben ist Liebe, erfreue dich an ihr.
Das Leben ist ein Rätsel, durchdringe es.
Das Leben ist ein Versprechen, halte es.
Das Leben ist eine Hymne, singe sie.
Das Leben ist ein Kampf, kämpfe ihn.
Das Leben ist eine Tragödie, ringe mit ihr.
Das Leben ist ein Abenteuer, wage es.
Das Leben ist Glück, verdiene es.
Das Leben ist Leben, verteidige es.

MUTTER TERESA

Freue dich, so viel du kannst;
Freude macht stark.

DIETRICH BONHOEFFER

Du sollst…
strahlen, nicht glänzen!
ordentlich durcheinander sein!
dich nicht fertig machen!
fassungslos sein!
hier und da sein!
frei sein!
gar nix!

gute Fragen finden!
fühlen, was du denkst!
nicht scheineilig sein!
Geheimnisse haben!
deinen Stall nicht beschuppen!
wie keiner sein!
deine Träume begießen!

auf deiner Höhe sein!
ein- und ausatmen!
die Gelegenheit putzen!
keinen Stich kriegen!
die lachende Mitte sein!
viel erlieben!
den Blues haben!

Du sollst…
nicht lügen wie gedruckt!
in Not wendig sein!
dich nicht hängen lassen!
rechts fahren und links überholen!
dich nicht kriechen lassen!
schön alt werden!
lächeln!

die Ehe nicht brechen, nur biegen!
bei Trost sein!
kein Dankwart sein!
dich erobern!
verrückt sein!
kein „-ling" sein!
tanzen!

nicht müde werden!
dein Hoch vertiefen!
baden gehen!
dein Können lernen!
echt sein! spinnen!
der Welt deine Farbe geben!

Du sollst …
keinen Freund langweilen!
keine Tür zuschlagen!
keinen Weisen anschwärzen!
kein Zebra streifen!
keine Räuberleiter stehlen!
kein Sandkorn abrunden!
immer grün sein!

dich jeden Tag bekrabbeln!
unterwegs zu Hause sein!
dich lustig machen!
Kritik üben!
natürlich ein Künstler sein!
mit der Nase gucken!
besser sein als schneller!

dich nicht durchbeißen!
dich gehen lassen!
aus allem mehr machen!
selbst herrlich sein!
dich durchpausen!
unverschämt sein!
fabelhaft leben!

Du sollst …
gegen dein Ziel starten!
dich ab und zu neigen!
in keinen Schatten treten!
keinen Stil haben!
es gut machen, nicht sehr gut!
deine Reife prüfen!
in Frieden streiten!

dich jeden Tag erschöpfen!
keine Pfeife sein!
eine Welle machen!
nicht von dir abgehen!
das Spitze verstehen!
das Runde begreifen!
mehr lachen als achen!

deine Wut nicht verärgern!
dein Leben bunt malen!
nicht herumübeln!
eben schweben!
kein Gesicht verlieren!
mit keiner Liebe rechnen!
ein gutes Ja haben!

PETER TORSTEN SCHULZ

A Auf deinem Weg durchs Leben wird es Momente geben, in denen du besonders glücklich oder aber traurig und einsam bist. Gott hat dir diesen Psalm geschenkt, um dich daran zu erinnern, dass du in Glück und Leid von ihm gehalten wirst:

Der Herr ist mein Hirte.
Nichts wird mir fehlen.
Er weidet mich auf grünen Wiesen und
führt mich zum Ruheplatz am Wasser.
Er zeigt mir den richtigen Weg.
Und wenn ich auch im Dunklen wandre,
so habe ich doch keine Angst.
Denn du bist bei mir,
deine Kraft gibt mir Mut.
Bei dir weiß ich mich sicher aufgehoben.

NACH PSALM 23

Wie köstlich ist deine Güte, Gott,
dass Menschenkinder unter dem Schatten
deiner Flügel Zuflucht haben!
Sie werden satt von den reichen Gütern
deines Hauses,
und du tränkst sie mit Wonne
wie mit einem Strom.
Denn bei dir ist die Quelle des Lebens,
und in deinem Lichte sehen wir das Licht.

PSALM 36,8-10

Ja, man muss seinen Traum finden,
dann wird der Weg leicht.
Aber es gibt keinen immerwährenden Traum,
jeden löst ein neuer ab,
und keinen darf man festhalten wollen.

HERMANN HESSE

Du musst das Leben nicht verstehen,
dann wird es werden wie ein Fest.
Und lass dir jeden Tag geschehen,
so wie ein Kind im Weitergehen
von jedem Wehen
sich viele Blüten schenken lässt.
Sie aufzusammeln und zu sparen,
das kommt dem Kind nicht in den Sinn.
Es löst sie leise aus den Haaren,
drin sie so gern gefangen waren,
und hält den lieben jungen Jahren
nach neuen seine Hände hin.

RAINER MARIA RILKE

Man muss Geduld haben
gegen das Ungelöste im Herzen
und versuchen, die Fragen
selber lieb zu haben
wie verschlossene Stuben
und wie Bücher, die in einer fremden Sprache
geschrieben sind.

Es handelt sich darum,
alles zu leben.
Wenn man die Fragen lebt,
lebt man vielleicht allmählich,
ohne es zu merken,
eines fremden Tages
in die Antwort hinein.

RAINER MARIA RILKE

Alles hat er so eingerichtet, dass es schön ist zu seiner Zeit. Auch die Ewigkeit hat er den Menschen ins Herz gelegt. Aber das Werk Gottes vom Anfang bis zum Ende kann ein Mensch nicht begreifen.

PREDIGER 3,11

Um den Wert eines Jahres zu erfahren, frage einen
Studenten, der im Schlussexamen durchgefallen ist.
Um den Wert eines Monats zu erfahren, frage eine
Mutter, die ein Kind zu früh zur Welt gebracht hat.
Um den Wert einer Woche zu erfahren, frage den
Herausgeber einer Wochenzeitschrift.
Um den Wert einer Stunde zu erfahren, frage die
Verlobten, die darauf warten, sich zu sehen.
Um den Wert einer Minute zu erfahren, frage jemanden,
der seinen Zug, seinen Bus oder seinen Flug verpasst hat.
Um den Wert einer Sekunde zu erfahren, frage
jemanden, der einen Unfall erlebt hat.
Um den Wert einer Millisekunde zu erfahren, frage
einen Sportler, der bei den Olympischen Spielen eine
Silbermedaille gewonnen hat.

Die Zeit wartet auf niemanden.
Sammle jeden Moment, denn er ist wertvoll.
Teile ihn mit einem besonderen Menschen
und er wird dir noch wertvoller.

VERFASSER UNBEKANNT

Nimm dir Zeit zum Arbeiten –
es ist der Preis des Erfolges.
Nimm dir Zeit zum Denken –
es ist die Quelle der Kraft.
Nimm dir Zeit zum Spielen –
es ist das Geheimnis ewiger Jugend.
Nimm dir Zeit zum Lesen –
es ist der Brunnen der Weisheit.
Nimm dir Zeit zum Träumen –
es bringt dich den Sternen näher.
Nimm dir Zeit, zu lieben und geliebt zu werden –
es ist der wahre Reichtum des Lebens.
Nimm dir Zeit, dich umzuschauen –
der Tag ist zu kurz, um selbstsüchtig zu sein.
Nimm dir Zeit zum Lachen –
es ist die Musik der Seele.
Nimm dir Zeit, freundlich zu sein –
es ist der Weg zum Glück.

NACH EINEM ALTEN IRISCHEN GEBET

Es kamen einmal ein paar Suchende zu einem alten Zen Meister. „Herr", fragten sie, „was tust du, um glücklich und zufrieden zu sein? Wir wären auch gerne so glücklich wie du." Der Alte antwortete mit mildem Lächeln: „Wenn ich liege, dann liege ich. Wenn ich aufstehe, dann stehe ich auf. Wenn ich gehe, dann gehe ich und wenn ich esse, dann esse ich." Die Fragenden schauten etwas betreten in die Runde. Einer platzte heraus: „Bitte treibe keinen Spott mit uns. Was du sagst, tun wir auch. Wir schlafen, essen und gehen. Aber wir sind nicht glücklich. Was ist also dein Geheimnis?" Es kam die gleiche Antwort: „Wenn ich liege, dann liege ich. Wenn ich aufstehe, dann stehe ich auf. Wenn ich gehe, dann gehe ich und wenn ich esse, dann esse ich."

Die Unruhe und den Unmut der Suchenden spürend fügte der Meister nach einer Weile hinzu: „Sicher liegt auch ihr und ihr geht auch und ihr esst. Aber während ihr liegt, denkt ihr schon ans Aufstehen. Während ihr aufsteht, überlegt ihr, wo-

Das Geheimnis

hin ihr geht und während ihr geht, fragt ihr euch, was ihr essen werdet. So sind eure Gedanken ständig woanders und nicht da, wo ihr gerade seid. In dem Schnittpunkt zwischen Vergangenheit und Zukunft findet das eigentliche Leben statt. Lasst euch auf diesen nicht messbaren Augenblick ganz ein und ihr habt die Chance, wirklich glücklich und zufrieden zu sein."

ÜBERLIEFERT

Ein jegliches hat seine Zeit,
und alles Vorhaben unter dem Himmel hat seine Stunde:

geboren werden hat seine Zeit, sterben hat seine Zeit;
pflanzen hat seine Zeit, ausreißen, was gepflanzt ist,
hat seine Zeit;
töten hat seine Zeit, heilen hat seine Zeit;
abbrechen hat seine Zeit, bauen hat seine Zeit;
weinen hat seine Zeit, lachen hat seine Zeit;
klagen hat seine Zeit, tanzen hat seine Zeit;
Steine wegwerfen hat seine Zeit,
Steine sammeln hat seine Zeit;
herzen hat seine Zeit, aufhören zu herzen hat seine Zeit;
suchen hat seine Zeit, verlieren hat seine Zeit;
behalten hat seine Zeit, wegwerfen hat seine Zeit;
zerreißen hat seine Zeit, zunähen hat seine Zeit;
schweigen hat seine Zeit, reden hat seine Zeit;
lieben hat seine Zeit, hassen hat seine Zeit;
Streit hat seine Zeit, Friede hat seine Zeit.

Alles hat ...

Man mühe sich ab, wie man will,
so hat man keinen Gewinn davon.
Ich sah die Arbeit, die Gott den Menschen gegeben hat,
dass sie sich damit plagen.
Er hat alles schön gemacht zu seiner Zeit,
auch hat er die Ewigkeit in ihr Herz gelegt;
nur dass der Mensch nicht ergründen kann das Werk,
das Gott tut, weder Anfang noch Ende.

Da merkte ich, dass es nichts Besseres dabei gibt
als fröhlich sein und sich gütlich tun in seinem Leben.
Denn ein Mensch, der da isst und trinkt
und hat guten Mut bei all seinem Mühen,
das ist eine Gabe Gottes.

PREDIGER SALOMO 3, 1–13

... seine Zeit

Ihr seid das Licht der Welt.
So lasst euer Licht leuchten vor den Leuten,
damit sie eure guten Werke sehen
und euren Vater im Himmel preisen.

MATTHÄUS 5,14;16

Unsere tiefgreifendste Angst ist nicht,
dass wir ungenügend sind.
Unsere tiefste Angst ist,
über das Messbare hinaus kraftvoll zu sein.
Es ist unser Licht, nicht unsere Dunkelheit,
das uns erschreckt.
Wir fragen uns, wer bin ich, mich brilliant,
großartig, talentiert, fantastisch zu nennen?
Aber wer bist du, dich nicht so zu nennen?
Du bist ein Kind Gottes.
Dich selbst klein zu halten,
dient nicht der Welt.
Es ist nichts Erleuchtendes daran,
sich so klein zu machen,
dass andere um dich herum
sich nicht sicher fühlen.
Wir sind alle bestimmt, zu leuchten,
wie es die Kinder tun.
Wir sind geboren worden, um den Glanz Gottes,
der in uns ist, zu manifestieren.

Leuchten

Wenn wir unser eigenes Licht erscheinen lassen,
geben wir unbewusst anderen Menschen
die Erlaubnis, dasselbe zu tun.
Wenn wir von unserer eigenen Angst befreit sind,
befreit unsere Gegenwart automatisch andere.

NELSON MANDELA

Alles wirkliche Leben ist Begegnung.

MARTIN BUBER

Es war einmal ein Vater, der zwei Söhne hatte. Je älter und gebrechlicher er wurde, desto mehr dachte er über sein Leben nach. Und manchmal kamen ihm Zweifel, ob er seinen Söhnen wohl das Wichtigste für ihr Leben weitergegeben hatte. Weil ihn diese Frage nicht losließ, beschloss der Vater seine Söhne mit einem besonderen Auftrag auf eine Reise zu schicken. Er ließ sie zu sich kommen und sagte: „Ich bin alt und gebrechlich geworden. Meine Spuren und Zeichen werden bald verblassen. Nun möchte ich, dass Ihr in die Welt hinausgeht und dort eure ganz persönlichen Spuren und Zeichen hinterlasst."

Die Söhne taten, wie ihnen geheißen und zogen hinaus in die Welt. Der Ältere begann sogleich eifrig damit, Grasbüschel zusammenzubinden, Zeichen in Bäume zu schnitzen, Äste zu knicken und Löcher zu graben, um seinen Weg zu kennzeichnen. Der jüngere Sohn jedoch sprach mit den Leuten, denen er begegnete, er ging in die Dörfer und feierte, tanzte und spielte mit den Bewohnern. Da wurde der ältere Sohn zornig und dachte bei sich: „Ich arbeite die ganze Zeit und hinterlasse meine Zeichen, mein Bruder aber tut nichts."

Nach einiger Zeit kehrten sie zum Vater zurück. Der nahm dann gemeinsam mit seinen Söhnen seine letzte und beschwerliche Reise auf sich, um ihre Zeichen zu sehen. Sie kamen zu den gebundenen Grasbüscheln. Der Wind hatte sie verweht und sie waren kaum noch zu erkennen. Die gekennzeichneten Bäume waren gefällt worden und die Löcher, die der ältere der beiden Söhne gegraben hatte, waren fast alle bereits wieder zugeschüttet. Aber wo immer sie auf ihrer Reise hinkamen, liefen Kinder und Erwachsene auf den jüngeren Sohn zu und freuten sich, dass sie ihn wiedersahen und luden ihn zum Essen und zum Feiern ein.

Am Ende der Reise sagte der Vater zu seinen Söhnen: „Ihr habt beide versucht, meinen Auftrag, Zeichen zu setzen und Spuren zu hinterlassen, zu erfüllen. Du, mein älterer, hast viel geleistet und gearbeitet, aber deine Zeichen sind verblichen. Du, mein jüngerer, hast Zeichen und Spuren in den Herzen der Menschen hinterlassen. Diese bleiben und leben weiter."

AFRIKANISCHES MÄRCHEN

Spuren am Weg

Eines Tages beschloss das Leben,
eine Umfrage zu machen.
Es wollte von allen
nur eine Frage beantwortet haben:
„Was ist das Leben?"
Die Kuh antwortete:
„Das Leben ist grün."
Die Eule antwortete:
„Das Leben ist Nacht."
Die Lerche antwortete:
„Das Leben ist ein blauer Himmel."
Der Schmetterling antwortete:
„Das Leben ist Veränderung."
Die Sonne antwortete:
„Das Leben ist Energie."
Das Wasser antwortete:
„Das Leben ist Fließen."
Die Steine antworteten:
„Das Leben ist fest und beharrlich."
Der Friedhofswächter antwortete:
„Das Leben ist der Anfang vom Ende."

Was ist das

Und so ging es immer weiter
und das Leben sammelte unzählige Antworten,
von denen keine der anderen glich.
Am Ende kamen alle Befragten zusammen
und stellten nun dem Leben die Frage:
„Was bist du nun?"
Da antwortete das Leben:
„All das zusammen und noch viel mehr."

TANIA KONNERTH

Von guten Mächten wunderbar geborgen,
erwarten wir getrost, was kommen mag.
Gott ist bei uns am Abend und am Morgen
und ganz gewiss an jedem neuen Tag.

DIETRICH BONHOEFFER

Geh deinen Weg freundlich und gelassen inmitten von Lärm und Hast, und denke daran, welchen Frieden du in der Stille finden kannst. Versuche mit allen Menschen auszukommen, ohne dich selbst aufzugeben. Vertrete deine Ansichten ruhig und klar und höre anderen zu, auch wenn du nicht ihrer Meinung bist, auch sie haben ihre Geschichte. Geh lauten und angriffslustigen Menschen aus dem Weg.

Wenn du dich mit anderen Menschen vergleichst, werde nie eitel oder verbittert, denn es wird immer Menschen geben, die mehr oder weniger können als du. Freue dich über deine Erfolge und deine Pläne. Behalte das Interesse an deiner Arbeit, denn dein Tun und Handeln ist wertvoll. Strebe danach weiterzukommen, doch bleibe bescheiden.

Sei vorsichtig bei deinem Tun, die Welt ist voller Tricks und Betrug. Aber sei nicht blind für das, was dir an Tugend und Tapferkeit begegnet. Sei auch du tapfer und trenne dich nie von deinen Idealen. Sei du selbst. Heuchle keine Zuneigung oder Liebe. Doch denke nicht verächtlich von der Liebe, denn trotz aller Enttäuschung in der Welt lebt sie ewig fort.

Beuge Dich dem Rat der Jahre und gib mit Anmut jene Dinge aus der Hand, die der Jugend vorbehalten sind. Erhalte dir die Kraft deines Geistes, damit sie dich schützen kann, wenn dich ein Unglück trifft. Aber beunruhige dich nicht mit ständigem Grübeln. Viele Ängste kommen aus Erschöpfung und Einsamkeit.

Übe ein gesundes Maß an Disziplin, aber sei freundlich dir selbst gegenüber. Du bist ein Kind der Schöpfung wie die Bäume und die Sterne. Du hast ein Recht darauf, hier zu sein.

Darum lebe in Frieden mit Gott, wie du ihn dir auch vorstellen magst. Und wonach immer du im Leben strebst, bewahre dir den Frieden deiner Seele. Trotz aller Täuschungen, Mühsal und zerbrochener Träume ist es doch eine wunderschöne Welt. Sei achtsam und strebe danach glücklich zu sein.

NACH EINEM ALTEN SEGENSWUNSCH

Gott sei vor dir,
um dir den rechten Weg zu zeigen,
damit du dich niemals verirrst.

Gott sei neben dir,
um dich in die Arme zu schließen
und dich zu schützen,
ein guter Freund an deiner Seite.

Gott sei hinter dir,
um dir den Rücken zu stärken
und dich aufzufangen, wenn du fällst.
Er beschütze dich vor allem Bösen
und gebe dir Kraft für deine Aufgaben.

Gott sei in dir,
um dich zu trösten, wenn du traurig bist.
Er weite dein Herz, damit du Liebe spürst
und geben kannst.

Immer nah